DISCOURS

PRONONCÉ PAR

M. L'ABBÉ DUPANLOUP,

VICAIRE-GÉNÉRAL

ET SUPÉRIEUR DU PETIT SÉMINAIRE DE PARIS,

A LA DISTRIBUTION SOLENNELLE DES PRIX,

FAITE AU PETIT SÉMINAIRE, LE 28 JUIN 1843,

SOUS LA PRÉSIDENCE DE MGR L'ARCHEVÊQUE DE PARIS.

PARIS.

DEVARENNE, LIBRAIRE,

RUE DU FAUBOURG ST-HONORÉ, 14.

1843

DISCOURS

PRONONCÉ

PAR M. L'ABBÉ DUPANLOUP.

Cultiver, exercer, développer et polir toutes les nobles facultés physiques, intellectuelles, morales et religieuses, qui constituent dans l'enfant la nature et la dignité humaine ; les élever à la force de leur intégrité naturelle ; les établir dans la plénitude de leur puissance et de leur action ;

Par là, former l'homme et le préparer à servir sa Patrie dans les diverses fonctions sociales qu'il sera appelé un jour à remplir, pendant sa vie sur la terre ;

Et ainsi, dans une pensée plus haute, préparer l'éternelle vie, en élevant la vie présente.

Telle est l'œuvre, tel est le but de l'Éducation : telle est la sainte mission des instituteurs de la jeunesse.

Tel est le devoir d'un père, d'une mère; lorsque Dieu, les associant à sa Providence suprême, donne par eux la vie à de nobles créatures, et les charge de continuer et d'achever cette œuvre toute divine, en conduisant au bonheur par la vérité et la vertu, ceux qu'il associera lui-même un jour à sa félicité éternelle et à sa gloire.

Tel est le devoir des hommes qu'une vocation supérieure, un dévoûment généreux, un choix honorable associent à l'autorité, à la sollicitude paternelle et maternelle.

La belle et noble terminologie, qui est le fond même du langage adopté par le genre humain sur l'Éducation, suffit à montrer que ce n'est pas là une théorie vaine, une spéculation sans réalité.

Ici, en effet, le simple énoncé des termes porte avec lui-même une lumière de vérité certaine : et pour atteindre la plus haute évidence, il suffirait de fixer le sens commun et incontestable de chaque expression, et de constater la noblesse, l'élévation et la force pratique des idées générales que révèle le langage de l'humanité sur l'Éducation.

Et d'abord *l'Education !* Quelles nobles idées, quelle forte action les racines expriment ici ! C'est presque tirer du néant, presque créer; c'est au moins tirer du sommeil et de l'engourdissement les facultés endormies; c'est donner la vie, le mouvement et l'action à l'existence imparfaite.

C'est en ce sens que l'Éducation intellectuelle, morale et religieuse est l'œuvre humaine la plus haute qui se puisse faire. C'est la continuation de l'œuvre divine dans ce qu'elle a de plus noble et de plus élevé : la création des âmes.

L'Éducation accepte le fond, la matière que la première création lui confie ; puis elle se charge de la former ; elle y imprime la beauté, l'élévation, la politesse, la grandeur ; c'est comme une inspiration de vie, de force, de grâce et de lumière.

Lorsque l'immortel archevêque de Cambrai se chargea de l'éducation du duc de Bourgogne, il chercha et parvint à réaliser dans son royal élève le beau idéal de la vertu ; comme les artistes de l'antiquité, dit son historien, cherchaient à imprimer à leurs ouvrages, ce beau idéal qui donnait aux formes humaines une expression surnaturelle et céleste. Ce fut l'œuvre de l'Éducation.

C'est aux Romains, c'est à cette langue si majestueuse et si forte, que nous devons ce mot d'un sens si grave, d'une expression si énergique.

Les Français, qui ont été dits les Romains de la seconde race, ont enrichi le langage et exprimé l'action même de l'Éducation, par un terme dont la noblesse et l'éclat le disputent à la majesté et à la force du mot latin.

Nous avons dit : *Élever la jeunesse.* Belle parole ! et si le sens qui lui est propre semble moins profond, et exprime moins fortement l'action créatrice de l'Éducation, il ajoute à cette idée fondamentale la beauté, l'ornement, la grandeur ; et au fond, l'action créatrice de l'Éducation, est-ce autre chose ?

Oui, *Élever* est un beau mot, bien parfaitement français : il a de la dignité, de l'honneur ; il nous va bien, nous l'avons heureusement créé.

Aussi, voyez toutes les nobles acceptions qu'il s'est réservées parmi nous : comme il entoure l'Éducation du cortége naturel des belles idées qui s'y rattachent. Par la puissance de ce mot, *Élever* l'âme ; *Élever* l'esprit ; *Élever* les sentiments et les pensées ; *Élever* le caractère, sont les idées naturelles, les idées françaises, les devoirs et le but de l'Éducation.

Le mérite de notre langue, c'est d'avoir promptement compris tout cela, et de s'y être dignement prêtée ; et la gloire de l'esprit français, Messieurs, c'est de l'avoir instinctivement adopté, trouvant que ce langage lui convenait, et que son éducation, exprimée de cette façon, devait être à sa hauteur.

L'Allemagne et l'Angleterre n'ont pas eu la même inspiration et nous l'envient (1) ; car c'est là un de ces mots qui honorent une nation ; et, appliqué à l'Éducation, il suffit, seul, pour montrer tout ce qu'un mot a quelquefois de fécondité et de puissance, et combien il peut soulever, sur son passage, de sens nobles et utiles qui, sans lui, fussent demeurés obscurs et inaperçus. C'est là un de ces mots, qui non-seulement enrichissent la langue d'un peuple, mais enrichissent et fortifient ses mœurs, et élèvent une idée à sa plus haute puissance.

---

(1) Chez les Allemands, le mot *élever*, *erheben*, n'exprime que l'action matérielle de lever quelque chose de terre, et celui qui voudrait s'en servir pour exprimer l'élévation des sentiments ne serait pas compris.

Et quand cette idée est l'Éducation même de la jeunesse, quand cette langue a donné d'ailleurs au monde le *Génie* et le *Caractère*, deux mots essentiellement et primitivement français, et qui se sont trouvés, pour la première fois, avec la beauté du sens absolu, dans notre dictionnaire national; n'est-ce pas assez pour me justifier, si je me permets de dire que notre langue possède, dans sa généreuse énergie, de ces mots heureux et inspirés de haut, qui seront à jamais la gloire de la France?

L'Éducation *Élève* donc; et c'est pour y parvenir qu'elle cultive et qu'elle exerce.

Comme le jardinier, elle place la plante qui lui est confiée dans une bonne terre; elle l'arrose d'une eau pure, l'entoure d'un ferment généreux, et la nourrit ainsi des sucs qui, développant en elle le travail intérieur de la nature, favorisent une végétation active, et la font grandir pour donner, au temps convenable, des fleurs et des fruits.

Puis aussi, comme le maître d'un jeune et noble coursier, elle l'exerce, elle lui fait gravir des collines, traîner des fardeaux, voler dans l'espace, pour donner à son nourrisson toute la souplesse et toute la vigueur dont il est capable.

L'Éducation est donc essentiellement active. Mais elle n'agit, elle n'exerce et ne cultive que pour développer.

Développer sans fortifier et mûrir, ne serait qu'une éducation vaine et sans consistance, sans fruit et sans vertu.

Développer sans fortifier, c'est le plus souvent anéantir. Tel est le défaut profond des éducations prématurées. C'est aussi le danger des études multipliées et par là même superficielles, à l'aide desquelles, aujourd'hui, trop d'éducations imprudentes cherchent à donner aux enfants un développement précoce, dont ils ne sont capables qu'aux dépens de l'intégrité et de la force de leurs facultés.

Il faut que l'Éducation soit mâle, sérieuse et sincère; sans dureté, mais aussi sans mollesse : une certaine austérité douce et grave lui convient bien, et la fortifie.

C'est d'ailleurs le vœu de la nature; c'est la loi de la Providence; c'est le besoin de l'enfant; c'est la richesse de sa vie; c'est la garantie de sa vertu; c'est la sécurité de son avenir; c'est le devoir le plus impérieux de son instituteur.

Développer et fortifier les facultés de l'enfant, telle est donc la première loi de l'Éducation.

Ce n'est pas toutefois encore l'œuvre tout entière. Si l'Éducation cultive et exerce, ce n'est pas seulement pour développer, c'est pour polir en développant.

Les facultés humaines sont plus ou moins inégales, grossières, brutes, irrégulières; l'Éducation les cultive et les exerce pour faire disparaître les inégalités, les rudesses, les aspérités naturelles. L'Éducation doit leur donner tout à la fois un jeu plus facile, des mouvements plus heureux, une action plus douce, une vie plus délicate et plus noble. Elle polit l'esprit; elle polit le caractère; elle polit les mœurs; elle leur donne quelque chose de doux et de simple, et tout à la fois noble, gracieux et brillant; elle polit la vertu même. Si l'Éducation développait l'enfant sans le polir, il demeurerait rude et inculte dans sa force sauvage.

L'Éducation, c'est la tâche de l'habile ouvrier qui reçoit de la terre un diamant brut, et qui, sans nuire à sa solidité naturelle, le polit et lui ajoute ce lustre, cet éclat et ces facettes brillantes, qui charment et quelquefois éblouissent les regards.

La politesse a toujours été un des plus beaux caractères de l'Éducation française. C'est peut-être son trait le plus distinctif. Le mot Éducation a même ce sens spécial. Et *bien élevé*, signifie parmi nous le savoir-vivre : encore un mot si français ; comme si nous étions la seule nation de l'Europe chez qui manquer de politesse c'est ne savoir pas vivre. La politesse des manières, le tact des bienséances, le goût exquis ; ce sont, en effet, de ces choses qui se font encore mieux en France qu'elles ne se définissent, et que les nations rivales elles-mêmes sont convenues de nommer la *politesse française* : noble apanage du caractère national, glorieuse distinction qui permet, peut-être, que nous nous félicitions de ce qu'au milieu du naufrage de tant de sérieuses et antiques vertus, nous avons du moins sauvé la politesse; et c'est beaucoup. Car, qu'on ne s'y trompe pas, ce n'est pas là une vanité ni de l'éducation ni du caractère : la politesse a des vertus utiles, des vertus sociales, dont une nation peut être justement fière et heureuse.

Sans doute, il est à regretter que depuis longtemps déjà la rudesse et la vulgarité s'introduisent au milieu de nous, dans l'éducation elle-même; et que l'impolitesse écolière tende à devenir proverbiale. Il en est une raison profonde et que nous pourrions traiter gravement. Quand le respect manque au fond des âmes, la politesse doit manquer au dehors; et le respect manque toujours, quand l'autorité s'affaiblit : l'autorité, cette grande et sainte chose, devant laquelle l'esprit s'incline sans que le cœur s'abaisse; qui se fait accepter et sentir comme un droit, sans avoir besoin de recourir à la force; et qui parle d'en haut, avec l'empire, non pas de la contrainte, et pourtant de la nécessité.

Que du moins dans les maisons d'éducation où la Religion préside, on trouve encore l'autorité et le respect! L'autorité douce et forte, c'est-à-dire paternelle; le respect inviolable, c'est-à-dire religieux et filial.

On l'a dit avec un sentiment profond de la vérité : « Le Catholicisme est la plus grande et la plus sainte école de respect qu'ait jamais vu le monde (1). »

Mes Chers Enfants, puissent vos familles, puisse votre pays connaître et sentir, pendant le cours de votre vie tout entière, que vous avez été élevés à l'école du respect!

Quoi qu'il en soit, il demeure donc certain que développer sans polir, dans la langue française, ce n'est pas *élever*; et qu'en principe, le développement des facultés doit être pur, noble, régulier, poli, digne, en un mot, des grandes destinées de l'homme.

Nous nous devons à nous-mêmes d'ajouter ici que la politesse, dont nous réclamons l'ornement, doit être le fruit sérieux d'une éducation sans mollesse. Les éducations mondaines ne la donnent pas : on n'en recueille le plus souvent

---

(1) M. Guizot.

que les goûts et les habitudes d'une élégance frivole, qui cache tout au plus, sous des formes et des dehors plus ou moins agréables, une grossièreté réelle de mœurs, une mollesse violente au besoin, un esprit vraiment inculte, et un caractère dont la rudesse insociable se trahit tôt ou tard.

J'ai dit quel était le but de l'Éducation et quels en étaient les moyens. Arrêtons maintenant nos pensées sur la partie de notre sujet la plus intéressante et la plus élevée : je veux dire, le personnel même de l'Éducation.

Le personnel de l'Éducation, qu'on le comprenne, c'est d'abord Dieu lui-même, le Père et la Mère, l'Instituteur, l'Enfant, et je crois devoir ajouter le Condisciple.

On s'étonnera, peut-être, que nous fassions descendre Dieu jusque dans le personnel de l'Éducation. Nous ne savons pas si c'est là faire descendre Dieu ; mais ce que nous savons, c'est que l'Éducation doit incontestablement remonter jusqu'à lui.

L'Éducation est une œuvre essentiellement divine. Dieu y est la source de l'autorité, des droits et des devoirs essentiels de tous ; il est le modèle et l'image de l'œuvre qui est à faire ; il en est l'ouvrier le plus puissant et le plus habile.

A quelque point de vue que je me place pour considérer l'œuvre de l'Éducation, elle apparaît à mes yeux comme un des reflets les plus admirables de l'action, de la bonté et de la sagesse divine.

Mais l'Éducation est un droit et un devoir de la paternité humaine, comme de la paternité divine.

Dieu associe à sa Providence suprême le Père et la Mère, pour donner la vie à des enfants qu'ils élèveront de concert avec lui; et par là il crée et il institue la famille.

Et, disons-le, cette haute institution, cette alliance sainte n'a pas d'autre but que l'éducation des enfants.

C'est une loi admirable de la nature et de la société, de la Providence et de la Religion. Cette loi suprême, qui est la loi de la création, est aussi la loi de l'Éducation.

Le Condisciple a aussi sa part d'influence.

Le Condisciple! c'est-à-dire la société qui commence, la vie sociale, ses devoirs et ses droits, la noble émulation, la puissance de l'exemple, le partage des joies et des douleurs, des travaux et des succès, la naïve amitié, l'appui, le secours mutuel, la fraternité même; car le Condisciple c'est un frère, quand l'Éducation c'est la famille.

Avec le Condisciple se rencontrent aussi les froissements, le support, la patience, l'égalité, le respect d'autrui, choses si précieuses! Non, il n'y a pas, ou du moins il y a peu d'éducations sans condisciple.

Mais c'est le sujet personnel de l'Éducation qu'il importe surtout d'étudier : nous verrons ce qu'il a en lui-même de grandeur, et au nom de quelle noble nature il réclame nos préoccupations les plus hautes et les plus tendres.

Le sujet personnel de l'Éducation, c'est l'Enfant.

Qu'est-ce que l'Enfant?

Ce n'est pas seulement l'espérance de la famille et de la société;

Ce n'est pas seulement le genre humain qui renaît, la patrie qui se perpétue, et comme le renouvellement de l'humanité dans sa fleur;

Ce n'est pas seulement une aimable créature, dont la candeur, la simplicité naïve, la docilité confiante gagnent l'affection, et font naître les présages d'un doux avenir;

Ce n'est pas seulement la bénédiction de Dieu et le dépôt du ciel; une âme innocente dont les passions n'ont pas encore troublé le paisible sommeil, dont les enchantements du mensonge et les illusions du monde n'ont pas encore altéré la pureté;

Ce n'est pas seulement un cœur simple et pur, à qui la religion peut se présenter avec confiance, qui n'a pas encore d'intérêts secrets à défendre contre elle, et se laisse attendrir par sa voix maternelle;

Ce n'est pas seulement cet âge, dont l'inexpérience, la faiblesse, les périls, et jusqu'aux défauts, intéressent le cœur, alarment la tendresse, et réclament de l'indifférence elle-même une sollicitude et des soins paternels.

Sans doute ces heureux priviléges de l'Enfant le rendent digne des soins les plus assidus et de l'amour le plus tendre; sans doute c'est avec une douceur inexprimable qu'un instituteur vertueux peut reposer ses regards sur l'enfance et contempler ces vertus si naïves et si simples du premier âge;

Mais l'Enfant, c'est plus encore aux yeux de la philosophie éclairée par la foi : c'est un être digne d'un respect et d'un dévouement religieux.

Ce discours vous étonne peut-être, Mes Chers Enfants; et, accoutumés seulement à notre tendresse, vous êtes surpris de nous entendre en ce jour révéler devant vos parents le secret, le mystère de notre respect pour vous. Je ne retire aucune de mes paroles; et, dans un sens, vous êtes dignes de leur respect comme du nôtre : ils le savent, et voilà pourquoi ils vous ont placés sous l'aile de la Religion, et entourés de soins si tendres.

Oui, au-dessus des prérogatives naturelles à cet âge, il y a dans l'Enfant quelque chose de plus haut encore et de plus divin, qui doit être l'inspiration profonde et la lumière de notre dévouement.

Ces grâces naïves sont les reflets de la grâce divine elle-même; et si son éducation doit remonter si haut, c'est que, créature sublime, il porte dans le fond de sa nature, dans l'élévation, la puissance et l'harmonie de ses facultés, l'image et la ressemblance de Dieu même.

Cet humble enfant est destiné à un double royaume. S'il porte dignement le sceptre de sa royauté sur la terre, le royaume des cieux lui sera donné quelque jour; et si, quoique abaissé au-dessous des anges ici-bas, on lui en donne quelquefois le nom, c'est que Dieu lui prodigue, comme à l'ange, la vie, l'intelligence et l'amour, et avec cette céleste nature, toutes les riches facultés, tous les dons innombrables, tous les attributs merveilleux qui naissent et découlent de sa fécondité.

Ce qu'il ne faut pas oublier ici, c'est que ces facultés vives demandent à germer et à croître, et sollicitent d'elles-mêmes le développement et la culture.

Vie, intelligence et amour; esprit, talent, génie; bon sens, bon goût; volonté, caractère, conscience; lettres, sciences, arts, industrie même; religion, morale, vérité, vertu : toutes ces grandes et divines choses de l'humanité, sont sans lumière et sans nom dans un enfant, et demeureront enfouies dans les profondeurs de sa nature, si on n'a pris soin de les étudier et de les cultiver religieusement.

Donc, ouvrir son intelligence, orner sa mémoire, former en lui la pensée et la parole, féconder son imagination, polir son goût, exercer son jugement : c'est le devoir de l'Éducation intellectuelle.

Purifier et ennoblir ses sentiments, affermir sa raison, presser sa volonté, éclairer sa foi, former sa conscience, son caractère et son cœur : c'est le devoir de l'Éducation morale et religieuse.

Conserver la force de l'enfant, veiller sur sa vie, aider sa constitution physique à se fortifier en se développant, faire en sorte que ses membres soient toujours souples et vigoureux, qu'un sang généreux et pur circule dans ses veines, que cette flamme céleste qui brille dans ses regards ne s'abrutisse et ne s'éteigne jamais; que cet aimable coloris, ce charme inexprimable qui embellit le front de l'enfance vertueuse, ce je ne sais quoi d'heureux qui vient des dons du ciel, ne disparaisse jamais sous de tristes nuages : c'est le devoir de l'Éducation physique et aussi de l'Éducation religieuse. On l'a dit : la Religion est l'aromate qui empêche la science de se corrompre. Nous le dirons aussi : la vertu est le baume divin qui conserve la vie et la fraîcheur de l'enfant.

Mères vertueuses! vous vous féliciterez, j'espère, en ce jour, d'avoir demandé à la Religion pour vos enfants les premières leçons de la vertu, et d'avoir mis de bonne heure dans son sein maternel leur innocence à l'abri.

Quand, au moment de leur triomphe, vous entendrez ces voix innocentes et pleines de vie, vous redire les témoignages de leur amour; quand vous verrez ces fronts radieux, ces sourires pleins d'espérance; quand vous déposerez sur leurs lèvres la douce expression de votre tendresse, ne craignez pas : vous y respirerez les parfums de la vertu.

Si quelqu'un montrait, à côté d'un marbre informe, l'idéal de la statue qui doit en être dégagée, ne désignerait-il pas assez, par là même, le degré d'habileté qu'il faut exiger de l'artiste? Avoir dit ce qu'est l'enfant par sa nature, et ce qu'il peut devenir par le labeur patient de l'Éducation, n'est-ce pas également avoir déjà montré quelles doivent être les éminentes qualités de l'Instituteur?

Inspirer à de jeunes âmes le goût d'une vie sérieuse et appliquée, avec laquelle s'allie un jour la gravité des mœurs et la fidélité aux devoirs;

Exciter l'amour du travail, l'émulation des lettres, des sciences et des arts, et l'ardeur pour ces belles connaissances qui, depuis tant de siècles, sont devenues l'apanage de notre patrie;

Cultiver et diriger les passions dans le temps favorable, de façon qu'elles se laissent maîtriser, et que loin d'être un obstacle au bien, elles deviennent l'instrument utile des grandes choses;

Former à ce savoir-vivre qui consiste à se contraindre soi-même, sans contraindre les autres, et qui éblouit moins par les belles manières qu'il n'édifie par les vertus et la simplicité;

En un mot, sous les auspices d'une discipline également douce et ferme, par l'ascendant d'une autorité toujours chérie et révérée, constituer et maintenir de fortes et brillantes études, en même temps que des mœurs pures, une docilité généreuse, une foi éclairée et une piété fervente;

Enfin établir, par là même, entre les maîtres et les disciples, ces doux et puissants liens qui ne se brisent jamais, ces souvenirs de dévouement et de reconnaissance, d'affection et de respect qui demeurent la plus douce récompense des maîtres, comme ils deviennent, dans le cœur des disciples, une de ces heureuses et ineffaçables impressions qui survivent à tout;

Former ainsi, par des moyens si simples et si puissants, ces jeunes esprits à l'intelligence du Vrai, qui est la lumière même de Dieu; ces jeunes cœurs à l'amour du Beau, qui est la splendeur du vrai, et leur vie entière à la pratique du Bien; leur faire trouver, par là même, dans les impressions et les souvenirs de leur éducation, le bonheur, la vérité et la vertu:

Je le demande: une œuvre si grande et si belle, n'exige-t-elle pas que ceux qui l'entreprennent aient un cœur dévoué, une éducation plus haute, une intelligence plus éclairée, une vertu plus profonde, et l'inspiration d'un sacrifice plus héroïque?

Jetons un coup d'œil en arrière. Nous avons montré le but de l'Éducation, sa nécessité, ses moyens, son personnel. Ne semble-t-il pas que tout soit dit sur cet immense sujet? Non; il reste encore une dernière question, la plus importante, sans contredit, au point de vue social; la plus décisive et la plus influente pour l'ordre, le repos et la grandeur des sociétés humaines. Cette question, la voici dans son énoncé le plus simple :

Tous les enfants doivent-ils être élevés de la même manière? S'il y a diverses éducations, quelles en sont les lois et les limites? Je réponds :

Il doit y avoir des éducations variées, comme il y a des vocations diverses. Il serait aussi indigne de vouloir faire descendre toutes les intelligences au même niveau, qu'absurde de vouloir les élever toutes à la même hauteur. La même étendue dans l'esprit, et je ne crains pas de le dire, la même perfection dans la vertu n'est pas requise de tous; mais tous, sans exception, l'ouvrier, l'enfant du peuple, l'homme des champs, par cela même, et par cela seul qu'ils sont chrétiens, ont un droit impérieux à recevoir une éducation qui les fasse jouir du développement et de la force de leurs facultés dans le degré convenable.

Et voilà pourquoi l'Église s'est toujours dévouée, avec un soin religieux, à l'éducation populaire. La première elle l'a essayée dans le monde, et seule encore elle l'a fait avec succès.

Les instituteurs qu'elle envoie aux peuples sont les apôtres de la vertu, les consolateurs des affligés, les pères des pauvres. C'est à eux, et à eux seuls, qu'il est encore donné, au milieu du redoutable malaise des classes populaires, de prêcher, avec vérité et avec fruit, aux pauvres la patience et le travail; aux ouvriers fatigués de la chaleur du jour, la résignation et l'espérance; aux peuples, l'obéissance et le respect; à tous les hommes, qu'ils sont frères et ne doivent jamais se refuser les uns aux autres la vérité, la charité et la justice.

Mais s'il y a une éducation commune, il y a aussi et il doit y avoir une haute éducation. Elle est la gloire et le couronnement de l'humanité: c'est l'ordre de la Providence; c'est la loi de la nature.

La haute éducation est réclamée, non-seulement par la société, dont elle est le plus bel ornement et la force, et par l'humanité tout entière, qui, à de rares exceptions près, ne reçoit que d'elle la couronne du génie et de la vertu; mais elle est réclamée aussi par certaines natures privilégiées, dont le généreux et invincible instinct est de jouir de leurs facultés dans la plénitude de leur puissance et de leur action. C'est à ceux-là qu'appartient la haute éducation, qui non-seulement forme le bon sens, le bon goût, mais exerce longtemps, et par là fortifie ces facultés; qui féconde, enrichit, épure l'imagination; ennoblit la sensibilité et lui inspire un élan généreux, et quelquefois un divin enthousiasme pour tout ce qui est beau, noble et sublime; qui communique au jugement ce degré d'activité, de pénétration et de vigueur, sans lequel l'homme d'esprit est toujours médiocre; qui donne enfin au caractère cette forte trempe, cette énergie courageuse et patiente, sans laquelle on ne fait rien de grand sur la terre.

C'a été de nos jours une chose étrange : les intérêts matériels ont acquis parmi nous assez de puissance, et se sont crus, un moment du moins, assez forts pour contester la nécessité de cette haute éducation des intelligences.

Comme si les hautes vertus morales et religieuses, qui protègent et font fleurir les mœurs ; comme si les connaissances générales, qui étendent et fortifient l'esprit, n'aidaient pas par là même à perfectionner les connaissances les plus matérielles et les plus positives ;

Comme si, substituer à la haute éducation intellectuelle un enseignement uniquement professionnel, n'était pas condamner la société à ne plus marcher que dans les voies étroites d'un instinct sans progrès véritable ;

Comme si ces humanités contre lesquelles on s'est tant récrié avec plus ou moins de bonne foi et de zèle, n'étaient pas simplement le perfectionnement de la raison et du langage, par l'étude des plus beaux monuments de la pensée et de la parole humaine ;

Comme si l'étude sérieuse et approfondie, l'étude intelligente des trois langues et des trois grandes littératures, grecque, latine et française, ne plaçaient pas à l'école des philosophes les plus profonds, des poètes les plus heureusement inspirés, des moralistes les plus sages, des historiens les plus graves.

Quoi qu'on en ait dit, il n'en demeure pas moins que la littérature, l'histoire, l'éloquence et la philosophie sont filles des humanités et reines du monde ; et qu'à très-peu d'exceptions près, ce sont les littérateurs, les historiens, les orateurs et les philosophes qui exercent dans leur siècle et dans leur pays une influence directrice, profonde et universelle.

Quel serait d'ailleurs le terrain commun sur lequel se rencontreraient toutes ces hautes intelligences, appelées d'une manière ou d'une autre par la Providence à servir leur pays, à aider leurs semblables? Ne faut-il pas que tous ces hommes se retrouvent et s'entendent à une certaine hauteur? Ne faut-il pas que toutes les sommités sociales; — et ici nous parlons aussi bien des sommités industrielles, commerciales et militaires, que de la magistrature et du sacerdoce, que des instituteurs de la jeunesse et des législateurs des peuples; — ne faut-il pas que tous aient reçu une éducation assez large, une éducation assez forte, une éducation assez haute pour qu'elle les rapproche tous les uns des autres, dans ces régions supérieures où il convient à l'honneur, et, nous l'ajoutons, à la félicité du genre humain, que ceux qui sont les chefs et les fils aînés des nations se rencontrent et s'expliquent sur les intérêts généraux de l'humanité?

Le genre humain, que ces nobles et religieuses intelligences représentent, en aura plus de force et de vie; il verra de plus loin, il sera placé plus haut, il respirera un air plus pur dans un horizon plus étendu; à leur suite il pourra marcher avec sécurité, sur les hauteurs de la terre, à la conquête paisible des vérités surnaturelles et divines, dont le christianisme a fait le plus noble apanage de l'humanité. Et, s'il le faut dire, la vie matérielle n'y perdra rien; car elle ne peut être oubliée la parole du publiciste qui s'écriait: « Chose admirable! la religion chrétienne, qui « semble n'avoir pour objet que la félicité de l'autre vie, « fait encore notre bonheur dans celle-ci (1)! »

Entre l'éducation commune et la haute éducation, se range ce qu'on est convenu d'appeler l'éducation profes-

(1) Montesquieu.

sionnelle. L'éducation commune donne à l'enfant du peuple une aptitude générale aux fonctions plus modestes et aux états plus humbles accessibles à sa condition, à son intelligence et à sa fortune. Il en est de même de la haute éducation : elle rend ceux qui la reçoivent généralement propres aux charges plus importantes, aux fonctions plus étendues du régime social.

Se plaçant, pour ainsi dire, au milieu, l'éducation professionnelle forme, dans toutes les branches des sciences, de l'industrie, des arts, des métiers même, des hommes spéciaux, avec des connaissances plus approfondies, des vertus plus exercées et une pratique plus ferme.

A côté de ces trois éducations, et au-dessus d'elles, dans un ordre plus élevé, se place l'éducation sacerdotale; la plus sublime, sans contredit, et la plus nécessaire, non-seulement pour le salut éternel des âmes, mais encore pour la tranquillité et la prospérité temporelle des peuples.

L'état qui commande le plus entier oubli de soi; l'état où l'on cesse d'être fidèle dès qu'on cesse de s'oublier soi-même et de se dévouer, où l'on peut craindre que les plus saintes affections de la nature n'affaiblissent le dévouement au devoir; le Sacerdoce, en un mot, exige évidemment une vertu plus généreuse, et peut-être aussi, une intelligence plus haute, que ces états où, par là même qu'il est permis de travailler pour soi et pour les siens, c'est un devoir de le faire : et voilà pourquoi la Religion réclame dès le jeune âge ceux qui seront un jour ses ministres; et c'est avec raison que la société les lui confie.

L'éducation qui doit les préparer à cet état grand et sublime, et qui doit former en eux des hommes plus dévoués et par conséquent plus parfaits, est sans contredit la plus difficile de toutes. Il faut la commencer de bonne heure, autrement l'œuvre serait impossible. Il faut que les premiers regards de ces enfants destinés à de si saintes choses, se reposent au sanctuaire avant d'avoir vu les scandales des mœurs publiques. Il faut que la Religion épie le premier éveil de leur raison naissante pour l'éclairer. Il faut qu'elle les prépare de longue main à ses grandeurs, et aussi aux épreuves de leur avenir et aux périls de leur sacerdoce.

Pour porter dignement le caractère sacerdotal, c'est-à-dire pour se dévouer tous les jours de la vie, il faut être né grand ou le devenir. Des cœurs vulgaires, des caractères faibles, des esprits abattus, une éducation commune n'y suffiraient pas. Aujourd'hui surtout les peuples demandent autre chose à leurs prêtres, et avec raison.

Les élèves du sanctuaire sont l'espérance et la consolation de l'Église de France. Puissent-ils devenir un jour sa force et sa gloire! Puissent-ils lui rendre ses docteurs, ses évangélistes et ses prophètes, et tous ces prêtres vénérables dont la science était si profonde, les livres si éloquents, la vertu si pure, et qui ont disparu au milieu des orages!

Les peuples les attendent en silence comme le secours de Dieu, et les invoquent de loin, inspirés, sans le savoir peut-être, par le profond besoin de se régénérer enfin, ou au moins par la crainte de se trop dépraver!

Sainte et précieuse jeunesse! cher et consolant espoir du sacerdoce français! tribus choisies et privilégiées du Seigneur! continuez à croître sous les ailes de la Religion, dans ces asiles, où se perpétuent encore les bons exemples et les bonnes maximes; où peuvent se former encore des âmes grandes et vertueuses par goût, par inclination, par une sorte de nécessité bienheureuse; parce que les préjugés communs, ailleurs si redoutables, conspirent ici en faveur de la vertu, parce que rien n'affaiblit leur action et ne balance leur autorité.

Ainsi donc, l'éducation commune, qui forme les masses; la haute éducation, qui forme les sommités sociales; l'éducation professionnelle, qui forme les spécialités; et l'éducation sacerdotale, qui forme les chefs spirituels des peuples : telle est la théorie haute et simple que réclament tout à la fois, et les inégalités de la nature humaine, et les nécessités de l'administration sociale, et les destinées dernières de l'homme. Diriger ces diverses éducations sous l'influence d'une pensée supérieure qui les fasse toutes converger avec harmonie vers une même fin : telle est la solution du grand problème de l'Éducation publique.

N'est-ce pas ainsi dignement acquitter sa dette envers l'Église et la Patrie?

Oui : et c'est plus, c'est mieux encore. Grâce à l'heureux mouvement des esprits inclinés à des rapprochements depuis longtemps désirables, par le besoin de s'entendre et de s'entr'aider, et peut-être aussi par une force supérieure et divine, à laquelle rien ne saura résister; c'est renouer la noble et antique alliance indignement rompue au dernier siècle, entre la Foi et les Lettres, entre la Religion et les Sciences, entre la Vertu et les Arts, et par conséquent entre la France et son Sacerdoce, entre l'Église et la Patrie.

C'est préparer une génération nouvelle digne des grandes choses que l'avenir semble nous réserver; une génération forte et dévouée, intelligente et capable, qui comprendra les besoins et la marche des agitations humaines, et ne s'en montrera pas plus effrayée qu'il ne convient à ceux à qui les lumières de la foi doivent donner quelque chose de la sagesse et de la patience de Dieu; à ceux qui peuvent trouver dans l'histoire de leurs pères et dans les souvenirs du passé, les secrets de la Providence et les espérances de l'avenir.

Donc, car il est temps que nous résumions, former l'homme et le préparer aux diverses fonctions sociales qu'il sera appelé un jour à remplir sur la terre;

Former l'homme par cette éducation générale qui serait convenablement nommée l'éducation humaine par excellence;

Le former, par une éducation spéciale, à la vocation que lui désigne la Providence, sa position sociale, ses talents et ses goûts particuliers;

Former l'homme, c'est-à-dire cette noble créature douée d'intelligence, de raison, et d'une volonté libre, mais faite pour le bien;

Former l'homme intelligent, l'homme honnête, l'homme avec ses facultés générales et ses qualités individuelles, tel que la société, la Religion le demandent;

L'homme donc avant tout, intelligence puissante et pure dans un corps vigoureux et sain, *mens sana in corpore sano;*

L'homme de raison, de jugement et de goût;

L'homme d'imagination réglée, d'élocution facile et claire;

L'homme de cœur, l'homme de caractère;

L'homme de volonté ferme et droite, dans le degré de raison, d'imagination, de caractère ou de génie qui est le cachet de son individualité;

L'homme de foi éclairée, et de conscience affermie;

L'homme, tel que Dieu l'a créé, et que Jésus-Christ l'a régénéré;

L'homme, tel que la marche providentielle du monde l'a perfectionné;

L'homme de son siècle et de son pays, dans le sens heureux de ces deux mots;

Le chrétien, enfin; car ce mot résume tout. Le chrétien!... Et remplirions-nous notre haute mission si nous ne formions pas des cœurs chrétiens; si nous ne savions pas élever jusqu'au christianisme, jusqu'à l'Evangile ceux que la société nous confie!

Telle est l'œuvre que doit accomplir l'Éducation.

C'est par là qu'elle formera l'homme pour la société, sans danger pour lui ni pour elle, et qu'elle saura produire, à tous les degrés de la hiérarchie sociale, des hommes complets dans la mesure et l'étendue qui convient à chacun.

Avons-nous exagéré quelque chose en donnant à l'Éducation une si haute et si décisive importance pour le bonheur des individus comme des sociétés?

Platon, ce merveilleux génie, disait : « Pensez-vous qu'il s'agisse ici d'une chose peu importante et non du plus précieux de tous les biens : c'est de l'éducation que dépend la gloire de l'État et le bonheur des familles. » Et dans un autre endroit : « Il ne s'agit que d'observer un point : c'est le seul important, ou plutôt le seul qui suffise ; je veux parler de l'Éducation de l'enfance et de la jeunesse. »

Sur ce point, le divin Platon ne fut point contredit par son disciple. « Ce n'est pas un petit objet, dit Aristote, que l'éducation de la jeunesse ait lieu dans un sens ou dans un autre. C'est, au contraire, un très-grand objet et le plus grand de tous. »

Leibnitz, dont je ne crains pas de citer ici la grave autorité, a écrit aussi ce jugement solennel : « J'ai toujours pensé qu'on reformerait le genre humain si l'on reformait l'éducation de la jeunesse. »

A la suite de ces puissants génies, il aura été permis à un prêtre de faire connaître jusqu'où doit s'élever l'éducation chrétienne. Nous dirons donc que c'est à elle de révéler même au jeune âge, comment, déchus du royaume des cieux, les chrétiens peuvent en retrouver la route avec certitude, et doivent en reconquérir la couronne. Oui, Mes Chers Amis, je vous le redirai avec confiance, même en ce jour; oui, même à la vue de ces couronnes qui fixent en ce moment vos regards et vos cœurs, et qui ne sont que le juste et faible prix des travaux et des succès d'une laborieuse année; encore que ces couronnes doivent recevoir comme un prix sacré de la main vénérable et chérie du pontife qui daigne vous les distribuer, et auquel, certes, on ne contestera pas qu'il appartienne de couronner les nobles travaux de l'émulation studieuse et de la vertu; oui, malgré tant de justes sujets de vous réjouir de vos triomphes, je n'en dirai pas moins que c'est à l'éducation chrétienne à vous révéler que les couronnes du monde entier ne sont rien, que vous devez mépriser la terre, et que plus vous avancerez dans la vie, plus vous vous trouverez à l'étroit dans ces régions inférieures; et que, si vous voulez rassasier la soif de bonheur qui est le fond de votre nature et l'immense ardeur de votre âme, vous ne trouverez qu'au pied du sanctuaire évangélique des ailes pour vous envoler loin, bien loin de ce qui n'est pour vous qu'un royaume déshonoré et flétri; portés par l'espérance et par l'amour jusque dans les régions invisibles, où vous pouvez avec un droit certain prétendre à posséder Dieu même, et vous unir à lui dans les splendeurs inaccessibles de la lumière éternelle.

www.ingramcontent.com/pod-product-compliance
Lightning Source LLC
Chambersburg PA
CBHW060919050426
42453CB00010B/1824